Género Ficción realista

I0794289

Pregunta esencial

¿Cómo usas tus talentos para ayudar a los demás?

La feria de la abundancia

Virginia Segret Mouro
ilustrado por Carlos Cabán

Capítulo 1
La pequeña tejedora

Inti es un pequeño pueblo ubicado al pie de la cordillera de los Andes. Allí, el paisaje es muy hermoso. Las laderas de las montañas están cubiertas de plantas silvestres, pequeñas y fragantes. El clima es cálido durante el día y muy fresco por la noche. La gente es muy trabajadora. En Inti, todos cuidan sus rebaños y siembran la tierra con mucho amor. Son campesinos laboriosos que viven serenamente, muy felices y en paz.

En Inti vivía la pequeña Abelinda, una niña de enormes y hermosos ojos negros, brillantes y alegres.

Los sábados, y algunos días después de la escuela, Abelinda iba a la montaña acompañada por alguna tía o por su querida abuela. La pequeña cuidaba, pacientemente, entre las montañas, a sus ovejas y llamas. ¡Amaba tanto a sus animalitos! Mientras esto hacía, sus padres estaban en el campo, sembrando semillas que luego crecerían y serían deliciosas verduras.

En verano, por las mañanas, muy temprano, la abuela llevaba a los animales a pastar a los cerros. Abelinda la acompañaba algunas veces. Abelinda observaba los rebaños con cariño y esperaba la tarde para regresar con ellos a su casa. Allí la esperaba su familia, con pasteles dulces y mazamorra de leche muy blanca y blanco maíz.

Mientras la abuela cuidaba su rebaño, Abelinda armaba con sus deditos hebras de lana pura para tejer en su telar. La niña hacía verdaderas maravillas con sus manos.

Los tejidos de Abelinda eran los más bellos y creativos del lugar.

La niña había aprendido el oficio de tejedora de su abuela.

Los animalitos, llamas y ovejas, le daban su lana. Ella, amorosamente, preparaba los ovillos con los que tejería luego bellas prendas.

En Inti, todos admiraban el arte de Abelinda, tan pequeña y tan hacendosa...

De regreso de los cerros, luego de merendar, la abuela enseñaba a Abelinda nuevas técnicas de tejido.

—Pasa esta hebra por aquí. Vuelve esta hebra para allá —le explicaba la abuela.

Feliz con los resultados de su trabajo, Abelinda distribuía en equilibrio los colores de la trama. Las mantas, los bolsos, los rebozos que finalmente salían de su telar eran finísimos y alegres.

—Eres una niña muy trabajadora. ¡Mira qué bello lo que has tejido! —decía su abuela toda vez que la pequeña terminaba un nuevo tejido.

Es que nadie en el pueblo de Inti hacía trabajos de tanta belleza como los de Abelinda.

—Tengo mucha confianza en ti, abuela. Tú sabes hacer tan maravillosamente bien este trabajo... —decía la niña.

La abuela, entonces, agregaba:

—Y yo tengo toda la confianza en ti, mi querida nieta. ¡Eres una verdadera pequeña artesana!

Capítulo 2
La oveja traviesa

Un día, una traviesa oveja se alejó del sitio donde la abuela la había dejado pastando. El animalito brincaba entre las piedras grandes y oscuras del cerro. De pronto se detenía y comía las hierbas duras y amarillas. Abelinda la vio allá lejos, muy arriba de la montaña. Y se preocupó.

—¡Mira, abuelita! Se nos ha escapado la oveja Rosita —dijo la niña.

—Ay, esa oveja imprudente... Ven conmigo, Abelinda. Iremos a buscarla montaña arriba —le dijo la abuela.

Nieta y abuela partieron. Simón, un vecino que tenía su domicilio muy cerca, descansaba en el lugar. Él también cuidaba su rebaño de cabras. Era inquilino de la abuela pues alquilaba una habitación que ésta tenía libre en su casa. No bien vio lo sucedido, Simón ofreció su ayuda para cuidar al resto de los animales.

—Vaya, abuela, con su nieta. Vigilaré sus animalitos. ¡Que no se escape ninguna oveja más! —dijo Simón.

—¡Gracias, muchacho! A veces los animales dan tanto trabajo... —dijo la abuela. Y partió hacia la montaña con la pequeña Abelinda de la mano. La niña aceptaba la aventura con mucha alegría.

Abelinda y su abuela comenzaron a subir el cerro. La niña saltaba entre las piedras.

—¡Ven aquí, Abelinda! Dame la mano. ¡No te vayas a lastimar andando así! —dijo la abuela. La pequeña obedeció.

A poco andar, alcanzaron a la traviesa oveja.

Se acercaba la hora de la merienda y la abuela propuso regresar.

—Iremos a recoger los otros animales y luego a casa, Abelinda —dijo la abuela.

La niña parecía muy interesada en una planta de largas y finas hojas amarillas.

—Abuelita, mira esta planta. Qué hojas tan largas y tan delgadas tiene —dijo.

—Ten cuidado, Abelinda. No vayas a herir tus manos con ellas —dijo la abuela.

Pero la niña acababa de tener una idea brillante.

—Recogeré algunas. ¿Crees que podrán servirnos para tejer, como si fueran hebras de lana? —preguntó a su abuela.

—Qué niña inteligente eres, qué creativa. Intentaremos tejer con ellas. Es una excelente idea —dijo la abuela.

Armaron un ramo cada una y regresaron, cerro abajo, con la traviesa oveja.

En los siguientes días, abuela y nieta probaron nuevas técnicas de tejido con vegetales. La niña observaba con mucha atención cómo su abuela preparaba las hojas de la planta y cómo luego las entrelazaba. Entonces, practicaba con sus deditos el tejido.

Así, comenzaron a fabricar cestos y sombreros. Abelinda los hacía pequeños. Su abuelita, más profundos y más grandes.

Con ayuda de su abuela, la niña aprendió también a teñir las lanas con hojas y flores de diferentes plantas.

—¡Mira qué bello ha quedado mi cestito azul! —decía la niña.

—Qué buena alumna eres, Abelinda —decía su abuela orgullosa.

El pueblo entero de Inti hablaba de las maravillosas artesanías que Abelinda, tan pequeña, hacía con su abuelita. Los más sorprendidos eran sus compañeros de la escuela.

—Dinos, Abelinda, ¿cómo haces para teñir las lanas de tan bellos y variados colores? —le preguntaban.

—Fui al cerro a buscar los vegetales necesarios para las tinturas —les explicaba.

—¿Fuiste solita, Abelinda? —preguntaban los niños.

—Claro que no, amigos... Acompaño a mi abuelita. Ella me cuida y me enseña tantas cosas importantes...

—¿Podremos ir algún día contigo a los cerros, Abelinda? —preguntaban ansiosos los niños.

—¡Debemos preguntar a los padres de ustedes y a mi abuelita si están de acuerdo! ¡Yo les enseñaría a tejer y a teñir como lo hago con mi abuela! —exclamó la niña feliz.

Detective del lenguaje	**¿En qué tiempo está conjugado el verbo subrayado en esta página?**

Capítulo 3
Manitos mágicas

A partir de ese día, la casa de Abelinda y su abuela se llenó de niños. Todos estaban muy interesados en aprender a tejer en el telar. Querían saber cómo teñir las lanas y cómo confeccionar los sombreros y los cestos.

Abelinda explicaba todo lo que ella sabía. La abuela observaba feliz los logros de los amiguitos. ¡Cuántos progresos en tan poco tiempo! ¡La voluntad y el empeño eran tan importantes!

Los padres de los niños organizaron excursiones al cerro a buscar las plantas y las flores para hacer los bellos trabajos. De este modo, los pequeños conocieron los animales que viven muy arriba en la montaña. También descubrieron plantas especiales y raras.

¡El pueblo de Inti estaba feliz!

—Estamos orgullosos de nuestros hijos porque ahora saben hacer tejidos hermosísimos —decían los padres a la abuela.

—Le estamos muy agradecidos, señora. ¡Han sido tan importantes sus conocimientos y su ayuda para nuestros niños! —decían los padres a la abuela.

—Es cierto, abuelita. Gracias a ti ahora todos sabemos tejer y también teñir las prendas. Y compartimos esta tarea entre todos.

—Pequeña mía, debemos enseñar lo que sabemos a quienes encontramos en nuestro camino. No solo hay que compartir los juguetes o invitar con nuestra comida a los amigos y los vecinos. Es muy importante enseñar a los otros lo que hemos aprendido.

—Tú eres muy generosa, abuela. Yo seguiré tu ejemplo durante toda mi vida.

—Tengo una muy buena idea, Abelinda —dijo de pronto la abuela.

Entonces, la abuela propuso a la niña participar, junto con sus amiguitos, en una feria que se realizaba todos los domingos en un pueblo cercano a Inti. Los amigos de Abelinda estaban felices y, por supuesto, también sus padres.

—Pediremos permiso a los padres quienes, seguramente, no tendrán ningún inconveniente en llevar a sus hijitos a mostrar allí sus trabajos en telar —dijo la abuela.

¡Qué feliz estaba Abelinda con la genial idea de su abuela!

Los padres aceptaron muy gustosos el ofrecimiento. Era una excelente oportunidad para que sus niños se divirtieran y aprendieran.

Y allá fueron todos, el domingo siguiente. Los padres, los amigos de Abelinda, la abuela y la niña. Estaban radiantes de alegría. También los acompañó Simón, para ayudarlos a transportar las prendas y las cestas tejidas.

Detective del lenguaje	¿Cuál es el futuro del verbo subrayado en esta página?

Capítulo 4
¡Todos a la feria!

Ese domingo la feria fue un éxito excepcional. Se trataba de una feria donde las personas talentosas mostraban sus obras.

Llegaron muchos hombres y mujeres de lejanos pueblos andinos y todos, absolutamente todos, quedaron encantados con los trabajos que los niños exhibían en sus puestos. Nunca antes habían visto labores tan maravillosas, verdaderas obras de arte.

Los padres, siempre atentos, enseñaban a los pequeños a mostrar los bellos y coloridos tejidos.

—Abelinda se ha comprometido con nosotros y nos ha enseñado sus técnicas para tejer prendas con lanas y cestos y sombreros con plantas, y por eso estamos muy agradecidos —comentaban los niños a los visitantes.

—¡Que hermosa es esta mantita rosada! ¿Cómo has logrado ese color? —preguntó una señora muy interesada y sorprendida.

—He teñido la lana con flores pequeñas que recogimos allí, en aquella montaña —dijo Abelinda y señaló con su mano hacia el cerro.

Los niños que las rodeaban miraban curiosos y felices.

—¡Señora, su nieta es una verdadera artista, un orgullo para nuestro pueblo! —dijo la señora a la abuela.

—Aprendí a tejer con mi abuela porque ella sabe hacerlo muy bien y me ha enseñado —dijo la niña. Y miró a su abuela llena de cariño.

—¡Las felicito! ¡Estamos todos realmente muy contentos! —dijo la señora.

—Mi nieta puso mucho esfuerzo para aprender y lo hizo con alegría —dijo la abuela satisfecha.

Gracias al talento de la abuela y de Abelinda, el pueblo de Inti se hizo conocido. En ningún otro sitio los niños hacían trabajos tan esmerados y bellos.

Todos los vecinos de Inti se sintieron orgullosos y, desde aquella primera vez, acompañaron a los niños y a sus padres a preparar los puestos en la feria. Y también desde aquella vez, en Inti, todos los años, cuando comenzaba la primavera, se organizaba una gran fiesta en la que Abelinda era la invitada especial. Es que todos estaban orgullosos de la pequeña. La niña, con ayuda de su abuela, aprendió las técnicas para tejer en telar, un arte muy antiguo y muy útil.

Respuesta a la lectura

Resumir

Usa detalles del cuento para resumir los sucesos importantes de *La feria de la abundancia*. El organizador gráfico te servirá de ayuda.

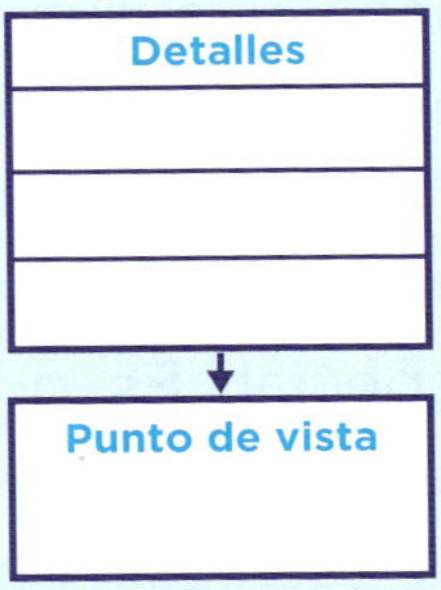

Evidencia en el texto

1. ¿Cómo sabes que *La feria de la abundancia* es un cuento de ficción realista? Usa ejemplos del cuento para apoyar tu respuesta. **GÉNERO**

2. En la página 11, ¿cómo se siente Abelinda con la idea de su abuela? **PUNTO DE VISTA**

3. Busca la palabra *descansaba* en la página 5. ¿Cómo te ayuda el prefijo *des-* a hallar el significado? **PREFIJOS**

4. Escribe sobre lo que aprendió Abelinda en este cuento. **ESCRIBIR SOBRE LA LECTURA**

Género Ficción realista

Compara los textos

Lee un cuento sobre un niño que ayuda a los demás.

Rigel al rescate

—¿Adivina qué, mamá? —gritó Rigel—. Seb nos consiguió un concierto. Los organizadores quieren que toquemos en un concierto en el Centro Comunitario de Larksville.

—Felicitaciones —dijo mamá—. ¿Cuándo tocarán?

—¡El sábado próximo! Pero hay un problema. Los papás de Seb deben viajar, el papá de Liana no conduce y su mamá debe trabajar —dijo Rigel.

—Yo los llevo —dijo mamá.

Rigel no estaba seguro. Por la noche, su mamá podía orientarse con las estrellas. Durante el día, sin embargo, no tenía ningún sentido de la dirección.

—No hay problema, crecí en Larksville y sé cómo llegar allí —dijo mamá.

El sábado del concierto, partieron con mucho tiempo de sobra.

—¿Está segura de que conoce el camino, señora Edwards? —preguntó Seb. Era amigo de Rigel desde que eran pequeños, así que se había perdido con la mamá de Rigel con bastante frecuencia.

—Sí, recuerdo bien Larksville —contestó ella.

Llegaron a Larksville. La señora Edwards condujo con confianza hacia el centro de la ciudad y se detuvo frente a un edificio pequeño.

—Aquí estamos —dijo.

Rigel, Liana y Seb miraron el edificio deteriorado.

—No parece que sea —dijo Rigel, que comenzaba a sentirse preocupado.

—¿Cuándo fue la última vez que estuvo aquí? —preguntó Liana.

—Hace 25 años. Nos mudamos de aquí cuando tenía alrededor de 12 —dijo la señora Edwards.

Rigel comenzó a alarmarse porque tenían que actuar en una hora y necesitaban 20 minutos para montar todo.

—Quizá han construido un centro comunitario nuevo —sugirió Seb. Rigel tuvo una idea.

—A menudo marcan los edificios públicos en un mapa. Demos un vistazo.

Efectivamente, allí estaba con letras rojas, "centro comunitario", pero a millas de distancia.

—De acuerdo, Rigel, yo conduciré y tú me indicarás el camino —dijo su mamá seriamente.

Llegaron al centro comunitario con el tiempo suficiente para montar todo pero no el suficiente como para ponerse nerviosos. Todos aplaudieron cuando terminaron su concierto, pero la mamá de Rigel fue quien más aplaudió.

Mientras colocaban todo su equipo en el coche, Rigel preguntó:

—Mamá, ¿puedes encontrar el camino a casa?

La mamá de Rigel sonrió y dijo:

—Bueno, si no puedo, al menos tengo el mejor lector de mapas de la ciudad conmigo.

¿? Haz conexiones

¿Cuál fue el problema en *Rigel al rescate*? ¿Cómo usó Rigel su talento para resolverlo? **PREGUNTA ESENCIAL**

¿Cuál crees que es el mensaje principal de *La feria de la abundancia* y de *Rigel al rescate*? **EL TEXTO Y OTROS TEXTOS**

Enfoque: Género

Ficción realista *La feria de la abundancia* y *Rigel al rescate* son cuentos de ficción realista. Los cuentos de este género suelen estar ambientados en el presente. Los personajes son realistas. Eso significa que son como las personas reales.

Lee y descubre Busca dos ejemplos en *La feria de la abundancia* que demuestren que es un cuento de ficción realista. ¿De qué manera la autora hace que los personajes se parezcan a las personas reales?

Tu turno

Escribe un cuento de ficción realista sobre usar un talento o una destreza para resolver un problema. Primero, piensa en un problema realista que pueda tener tu personaje. Luego, piensa en una destreza o un talento que pueda usar para resolver el problema. Aunque el cuento es imaginario, el talento o la destreza deben ser realistas, no improbables. Escribe el cuento en primera persona, como si fueras el personaje principal.